आवाज

शालिनी

Copyright © Shalini
All Rights Reserved.

This book has been published with all efforts taken to make the material error-free after the consent of the author. However, the author and the publisher do not assume and hereby disclaim any liability to any party for any loss, damage, or disruption caused by errors or omissions, whether such errors or omissions result from negligence, accident, or any other cause.

While every effort has been made to avoid any mistake or omission, this publication is being sold on the condition and understanding that neither the author nor the publishers or printers would be liable in any manner to any person by reason of any mistake or omission in this publication or for any action taken or omitted to be taken or advice rendered or accepted on the basis of this work. For any defect in printing or binding the publishers will be liable only to replace the defective copy by another copy of this work then available.

मैं ये पुस्तक अपने माता- पिता और अपने उन सभी मित्रो को समर्पत करती हूँ

क्रम-सूची

भूमिका vii

1. हूँ मैं एक लड़की मासूम सी 1
2. वाह ! रे आजादी 2
3. तस्वीर 3
4. ऑनलाइन वाली दोस्ती 5
5. जिंदगी एक सफर है 6

धन्यवाद 9

भूमिका

मैं इन सभी कविताओ मैं सामाज के सामन उन विषयों को उजागर करना चाहती हूँ जिसे समाज देख कर भी उन पर ध्यान नहीं दे पाता है। और में आशा करती हूँ कि मेरी कविताए इस उद्देश्य को पूरा करे और हम मिल कर एक नया समाज बनाए

1. हूँ मैं एक लड़की मासूम सी

मै ख्वाब सी उमंग सी
उड़ते हुए पतंग सी
सूरज की चमक सी
इस संसार की नीव सी
उस ऊँचे आसमान सी
एक राग सी
घर की पहचान सी
देवी के रूप सी
बाग में खिले गुलाब सी
हूँ मे एक लड़की मासूम सी
बरसते बादल सी
गरजते बिजली सी
सुन्दर चित्र सी बिन
कही कहानी सी
सच्ची खुशी सी
नाचते मोर सी
सुन्दर सी गजल सी
हूँ मैं एक लड़की मासूम सी

2. वाह ! रे आजादी

लड़की को मिली है आजादी पर कई बंधनो के साथ
जन्म लेनी की आजादी पर दूसरे की मर्जी के साथ
मन चाहे कपड़े पहनने की आजादी पर इज्जत के साथ
अपनी मंजिल चुनने की आजादी पर बजट के साथ
पढाई करने की आजादी पर समय के बंधन के साथ
कही जाने की आजादी पर बोडी गार्ड के साथ
शादी करने की आजादी पर परिवार की मर्जी के साथ।
अब शादी के बाद की आजादी देखते हैं
अपने मन से चलने की आजादी पर कुछ शर्तों के साथ
अपना घर मानने की आजादी पर मरने के बाद
कपडे अपने मन से पहनने की आजादी पर सामाज के तानों के साथ
बच्चे पैदा करने की आजादी पर घर के उसलों के साथ
पति को अपना मानने की आजादी पर उसकी मर्जी के साथ
मरने की आजादी पर सब की जरूरत के बाद।

3. तस्वीर

तस्वीर लाखो शब्दों का योग है
तस्वीर छिपी बातो का शोर है तस्वीर
बीते लम्हों का रूप है तस्वीर
कई मानव गुणों का नूर है तस्वीर
फिर भी खामोश है तस्वीर
कोई कहता है
ये है मेरी पहचान
कोई कहता है
ये मेरी चाहत है
तो कोई कहता सब कुछ है ये एक तस्वीर
खामोशी के साथ कई तुफान लेकर बैठा है ये तस्वीर
बीते यादो की पहचान लेकर बैठा है तस्वीर
फिर भी खामोश है ये तस्वीर
एक जीव को उदास, खुश, दुख, उत्साह,
रंगीन तो खामोश बना देता है ये तस्वीर
एक भटके राही को राह दिखाता है ये तस्वीर
आशांत मन को शांत
दुखी को खुश
और निराशा को आशा देता है तस्वीर
किसी का खुशनुमा पल तो किसी का दुखद एहसास है
तस्वीर किसी का जीत-हार है तस्वीर
तस्वीर का रूप भी देखो कैसे बदलता है

किसी का घमंड बनता है,
तो किसी का होशला बनता है ।
तो किसी की याद तो,किसी का इंतजार बनता है
इतना गुणी है तस्वीर
फिर भी खामोश रहता है तस्वीर

4. ऑनलाइन वाली दोस्ती

कई लम्बी चौड़ी नही
कुछ पल के बातो की दोस्ती
फोन के एक ग्रुप से
शुरू हुई ये दोस्ती
कई दिक्कत का सामना करके बनी ये दोस्ती
कई टीचर की बुराई करके
बनी ये दोस्ती
है ये हमारी ऑनलाइन वाली दोस्ती
बिन देखे बिन चहरे के पहचान की ये दोस्ती
हे ये हमारी ऑनलाइन वाली दोस्ती

5. जिंदगी एक सफर है

ना जाने कहां है हम
जिंदगी एक सफर है , ये सफर बेखबर है।
ना जाने कहां है हम
वो खुदा बेरहम है जिसे हर खबर है।
ना जाने कहां है हम
यूं तो आते है हम ,चले जाते हैं हम ,बिन कहे बिन बताए कहां
ये सफर है नया ,ये सफर खुशनुमा
है बने हम यहां और मिटेंगे यहीं पर हम
दोस्तो ये सुनो ,ये सबकी कहानी
है दर्पण ये जिंदगी का
जिंदगी एक सफर है, ये सफर बेखबर है
ना जाने कहां है हम
चलो एक दुनिया रचे ,कुछ अच्छा करे
इस बंजर को हरा करे हम
अब कृत्रिम नही प्राकृतिक बनायेंगे मिलके
जिंदगी एक सफर है, ये सफर बेखबर है
ना जाने कहां है हम
चलो मिल कर चले
बेरंग दिखे, हिममिल के खिलेगे हम
अब आंधी चले चाहे तुफा बढ़े
एकता ना होगी खतम ये

जिंदगी एक सफर है, ये सफर बेखबर है
ना जाने कहां है हम

धन्यवाद

इन सभी कविताओं मे मैंने अपने मन की बाते लिखे है। क्योंकि मैं एक लडकी हूँ तो मुझे लगा मेरी पहली कविता अपने ऊपर होने चाहिए इसलिए ये सारी कविताए मै मेरी जैसी लड़कियो को समर्पित करती हूँ।धन्यवाद

www.ingramcontent.com/pod-product-compliance
Ingram Content Group UK Ltd.
Pitfield, Milton Keynes, MK11 3LW, UK
UKHW040014200726
13854UKWH00001B/199

9 798887 330761